Círculo Rojo

UNA VOZ CALLADA

UNA VOZ CALLADA

CARMEN FERNÁNDEZ CONEJO

Círculo Rojo
EDITORIAL

Primera edición: septiembre 2023
Segunda edición: mayo 2024

Depósito legal: AL 2042-2023

ISBN: 978-84-1189-713-6

Impresión y producción: Editorial Círculo Rojo

© Del texto: Carmen Fernández Conejo
© Maquetación y diseño: Equipo de Editorial Círculo Rojo

Editorial Círculo Rojo

www.editorialcirculorojo.com

info@editorialcirculorojo.com

Impreso en España - Printed in Spain

Yo hasta aquí

Cuando comencé a escribir, no sabía por qué lo hacía. En esos tempranos comienzos ni siquiera me pregunté el porqué. Solo recuerdo que me divertía de una forma extraña hacerlo, sí, para mí tan solo era un juego. Conforme iba creciendo, dejé de jugar, como la mayoría de los niños que crecen y se encargan de llevar a cabo las ocupaciones que la vida requiere. Aunque de una forma inentendible para una versión pasada de mí, había momentos en que me descubría escribiendo de forma puntual. Cuando me percataba de esto —casi siempre al finalizar lo escrito, pues durante el proceso parecía abducida haciendo aquello—, me negaba ferozmente a aceptar o adquirir esa práctica en mi vida, desechaba todo lo escrito sin miramientos y bajo la premisa de «No sé por qué hago esto, no puedo perder mi tiempo en este tipo de cosas». Aunque admito que yo misma notaba como se revelaba en mis ojos una veta de tristeza cada vez que me levantaba del escritorio y me alejaba a hacer cualquier otra cosa mientras reafirmaba mi idea.

Han sido años los que me han llevado al descubrimiento de ese porqué que yo ansiaba encontrar. Y es que lo que tanto intenté ocultar de mí, para mí misma incluso, pero sobre todo con el mundo. A lo que yo creía una faceta de mi persona, era yo, era yo en esencia. Y quizás la vida, el tiempo y la mente me hicieron olvidarlo.

Cuando digo yo, no quiero decir que sea escritora ni poetisa. Mucho debiese ocurrir para que se me reconociese como tal, y tampoco busco dicho reconocimiento. Yo no empleo ninguna palabra para definir lo que soy. Porque lo que soy no es un oficio ni los resultados de ese trabajo. Por lo tanto, lo que soy tampoco es lo que escribo, sino el estado que alcanzo cada vez que lo hago. Hace muchos años, escribí en un trozo de papel: «Este no es mi sueño, este sueño me está persiguiendo a mí». Como si hubiese una puerta que tú no decides abrir, pero están tocando del otro lado.

Y menos mal que me dejé encontrar, menos mal que dejé de poner resistencia a un encuentro que debía darse. Porque en el encuentro hallé el entendimiento a muchas de mis preguntas. Porque tras la puerta la que llamaba era yo.

AGRADECIMIENTOS

Gracias a mis padres y hermana por el apoyo,
la paciencia y por la fuerza que me habéis brindado
cuando las dudas me han asaltado.
Gracias a todas las personas que han estado apoyándome
desde mis primeros pasos.

Gracias a mi Dios por realizar una vez más el llamado.

En silencio y desde lo más profundo,
me doy las gracias a mí misma
por seguir el llamado
de un sueño de mil intentos apagados,
por haberme clausurado adormitada
cada vez que despertaba mi yo.

PRÓLOGO

Una voz callada es la palabra que se crea en el silencio. Una voz oculta que por mucho tiempo solo quise guardar en mí y para mí. Un espacio conmigo y un intento de acercarme a ti.

¿Lo que no se dice no existe? No existe hasta que se le da voz al silencio. Y lo que nunca estuvo en silencio pide a gritos tener voz.

Yo no hablo como escribo.
Yo escribo como callo
y puedo hablar de muchas formas,
pero siempre callo de la misma.

Carmen

Hilos de voz

No vivo para demostrar que vivo,
vivo para morir en paz. Y de las pocas cosas que sé,
sé que vivir para mostrar que vives no es vivir.

*

Son agraciados aquellos que poseen una gran memoria,
y también, desgraciados por la misma razón.

*

Una gota no haría rebosar un vaso. Aunque todos achaquen
a esa gota el motivo del desborde. Pero nadie puede ver con
claridad la profundidad del vaso ajeno ni cuán lleno estaba
mucho antes del desastre.

*

La libertad no se nos da.
Cada uno de nosotros, consciente o
inconscientemente, lucha para encontrarla.

*

Aquellos que no se atreven a volar
no se percatan de las ataduras que tienen sus alas.

*

La fuerza de la palabra no está en la voz, sino en el pensamiento.
Te pueden callar, te pueden arrebatar la voz. Pero la voz ya existe
en la mente. La voz ya dicta. La voz que habla busca y obra con
propia voluntad. Y buscará la forma, sea cual sea, de hacerse
presente.

*

Nuestra piel es tan solo la tela que nos cubre. El revestimiento
a lo que verdaderamente somos. La dificultad, mayor aún
para ojos ajenos que para los propios, es encontrar el envés; las
costuras que nos forman.

*

No es la distancia la que nos distancia;
son los actos, el orgullo, los pensamientos.
No culpemos a la distancia.
Somos nosotros los creadores de ella.

*

No ves totalmente a través de tus ojos, sino de tu mente.
Asimismo, el mundo es una conformación mental, todo
bien y mal existente en el mundo se debe a las mentes que lo
habitamos.

*

Quien ofrece con sus dos manos al tomar el otro lo que viene a
ser dado;
quedan dos manos libres y abiertas ante lo que el cielo le puede
dar.

*

El destino siempre encuentra la forma de desdibujar lo dibujado
cuando el lápiz que tomamos no sigue las líneas del boceto del
sueño que diseñamos.

*

Cuando el ruido que habita ahí fuera calla todo tu ser.
Cuando usted detecte tal cosa, debe irse. De lo contrario, será consumido, se volverá títere y seguidor de masas sin motivo. Se venderá a la hoguera y dejará que se queme su voz.
No la voz con la que usted habla, eso es secundario, sino la voz de su pensamiento y de su corazón. Si usted da paso y permiso a callar y sentenciar esa voz, no tendrá nada que decir y se verá condenado a aceptar el simple pensamiento que imponen como doctrina los demás. Y en consecuencia, se alejará de su ser. Será ciego a su propia esencia.

*

Hay que conocer la gloria que tiene el caer, que no es más que la nueva fuerza que emerge en uno mismo al levantarse. La fuerza y la gloria de un alma invencible.

*

Si usted no se cuestiona la veracidad de lo que se le enseña que es verdad, se pierde la oportunidad de explorar el camino hacia esta. Y no es que vaya a encontrar la verdad absoluta, pero podrá recoger pedazos de ella hasta formarla. Forme la suya, no acepte la de nadie. Cuestione la de todos.
En última instancia, usted también es todos.

*

Hay un mundo ahí fuera que cada uno percibe de diferente forma.

Hay un mundo en cada uno de nosotros que cada persona que nos mira, pero no nos ve, percibe de diferente forma. Debatir la imagen del mundo de ahí fuera con otros puede ser constructivo o puede ser desesperante.

Pero debatir la imagen que otros tienen de ti, sin conocer tu mundo, es algo absurdo.

*

Existen dos tipos de pureza esenciales que una persona puede poseer: la razón pura y la pureza del sentir. Y cuando un individuo alberga las dos, o aprende a que no se desborde ninguna de ellas, no con la contención, sino con la gestión de estas, o, de lo contrario, el poseedor se acabará ahogando en la profundidad gigantesca de la grandeza que porta.

*

Somos seres llenos de memoria. Quiero decir que la memoria no solo radica en la mente, pues el corazón tiene memoria. El corazón recuerda momentos en los que latió intensa e inesperadamente. La piel tiene memoria, esta recuerda todas las pieles que le hicieron contacto. La mente es tan solo el punto en el que aguarda toda sensación suprema de estímulos que hemos percibido o sentido a lo largo de nuestra existencia.

*

Hay quienes banalizan mucho la palabra, pero de estos nadie hace cuenta de que albergan expresiones que otros les han dado. Muchas de ellas destructivas. Y si el poder de las malas palabras es grande, más inmenso son las nacidas en el calor del corazón, las que llevan el rastro de la esperanza, la bondad y el amor. No caiga, pues, en insignificar la palabra, cuando todos estamos hechos de ella.

*

La vida se reduce a vivir significativamente cada instante que ha sido dado para perdurar eternamente en nuestra memoria.

*

Para saber qué quieres, primero tienes que saber qué mereces; para saber qué mereces, debes saber antes qué ofreces.

*

Quien intenta hacer sentir pequeño a otro es un desconocedor de su propio tesoro. Y por sus empañados ojos hacia sí mismo, la insatisfacción que sufre se amotina como veneno que la misma lengua da salida. Porque el cuerpo tiene su propia inteligencia y trata de expulsar de sí aquello que no es suyo para salvaguardarse en la medida de lo posible de lo que puede destruirlo, que es lo mismo que destruirnos.

*

Los humanos cometemos el gran error de dar por hecho la permanencia en la vida de aquellos seres que amamos, aun sabiéndonos mortales, cuando se vive sumido en la cotidianidad del presente o las miradas vueltas al pasado o en el trabajo para alcanzar lo que se ha fijado que se dé en el futuro. En todo ello, muchas veces perdemos la oportunidad de expresar cuánto vemos, sentimos o pensamos hacia alguien que nos importa. Luego, la vida, con su forma de mostrarnos nuestra finitud, nos hace ver cuánto callamos y guardamos cuando tuvimos momento. Y mantenemos en el tiempo la ilusión que supone pensar como las palabras o muestras de afecto que teníamos guardadas podrían haber sido dadas, como desearíamos darlas en dicho momento, que ya supone ser a destiempo.

*

El alma y la consciencia de mi yo forman mi espíritu. Por eso, el espíritu está en constante formación, mientras que el alma ya viene dada. Y la consciencia se va adquiriendo y expandiendo conforme vamos cursando nuestra existencia.

*

Todos tenemos una canción sonando en nuestro interior. Algunos la llevan a un volumen tan alto que los lleva a verbalizar dicha melodía. A eso que comúnmente llamamos cantar de alegría. De alegría y no como el dicho que hace referencia a espantar el mal del que cantando vive. Aunque indudablemente podríamos decir que se crea una protección de luz invisible y melodiosa.

*

Creen que la muerte es la antítesis a la vida.
No es la muerte, es la desesperanza.

*

La virtud más grande de una persona es ser. Ser uno mismo.
Porque la mayoría de las personas que nos encontramos día a día
no son más que lo que han creado para ser con otros.

*

El trabajo que lleva en sí un sueño hasta ser una realidad es
arduo y rompedor. Es rompedor de esquemas y de uno mismo.
Uno mismo, al fin y al cabo, es dicha conformación de esos
esquemas. Y hay que bendecir el caos que supone esa rotura; no
es tanto el objetivo final de realizar el sueño como sí la versión
de uno mismo que debe alcanzarse para llegar a materializar en
espacio y tiempo, algo que hasta entonces albergaba la mente.

*

La envidia es el rasgo más distintivo de un espíritu pobre. Es
la hambruna malsana que nace en el hombre y desencadena la
creación de zarzas alrededor del alma, dando así la incapacidad
de una elevación espiritual.

*

La mano que sirve de ayuda para otros cuando es movida a voluntad del corazón no necesita de grandes reconocimientos. Se presta sin más.

Pues quien se jacta de ser servicial y busca el reconocimiento de otros, ya sea en palabras o en devolución de actos, no demuestra más que el cinismo con que fueron realizados.

*

Una explicación puede ser una respuesta, pero no siempre una respuesta es una explicación. Y es a tener en cuenta que el silencio entra dentro de la segunda opción. Esto depende más de quién sea el demandador del mensaje que del propio emisor.

*

Es primordial acercarse cuanto más a sí mismos para poder acercarnos más a los demás. Cuando se es capaz de reconocerse a uno mismo, los ojos penetran la superficie que viste a otros, dejando prácticamente inadvertida esta.

*

Toda experiencia es el efecto de la causa que fue la vivencia. La experiencia abarca la vivencia en sí, la superación de esta y el aprendizaje de la lección dada. No existe verdadera experiencia si estos tres pilares no se han dado.

*

El tiempo es un factor que cambia todas las variables. Puede ocurrir que el tiempo corrobore la verdad de los sucesos. Cercanos a lo sucedido, los integrantes de escena nos quedamos con la interpretación mental de lo ocurrido; por lo tanto, si el tiempo corrobora, se vuelve una verdad más edificada. O, al contrario, este factor permite deconstruir los recuerdos para observar la imagen ilusoria de lo que se creía hasta entonces real.

*

Una mujer es el portal entre lo que llamamos nada y lo terrenal.

*

Uno puede empeñarse cuanto quiera en crear una masilla lo suficientemente efectiva para cubrir grietas, pero, cuando estas aparecen en la base de los cimientos, el intento duplica el tiempo que inicialmente se empleó para su edificación. En el caso de que la masilla compacte con lo ya estructurado, siempre quedará el rastro que recuerde que la grieta allí existió.

*

La alegría guarda belleza en sí misma. La labor más difícil es hacer transmutar nuestras sombras en belleza.

*

Hay un sol que nace tras la noche. Aparece un arcoíris tras la tormenta. Hay que entender que, para que se dé la llegada de un comienzo, antes lo preceden otros fenómenos.

*

Todos los árboles no pueden crecer en la misma tierra porque cada tierra propicia un crecimiento. Porque cada árbol precisa un sustento característico dependiendo de su naturaleza. Con el hombre pasa algo similar.

*

El pájaro canta porque lleva en su interior una canción, pero no vive del aprecio de aquellos que admiran su canto. Cada uno ofrece y expresa lo que lleva en su interior, pero no depende de nosotros que otros sepan valorarlo.

*

El fracaso para alguien con una convicción firme es tan solo un contratiempo en el camino. Un aprendizaje. Un nuevo punto de partida. Una reinvención del objetivo y, a veces, incluso de sí mismo.

*

Existen tres tipos de despertares: el despertar de conciencia, el despertar espiritual y el despertar de uno mismo.

*

Pretendemos conocer el camino a seguir, con gran afán de control. Pero esa es nuestra parte terrenal, es decir, nuestra mente y ego. Y como la mayoría de las veces nos es imposible por la incertidumbre y por factores externos que escapan a nuestro control absoluto, y, cómo no, la incapacidad de predecir los sucesos que la vida nos depara, se nos da la frustración al desconocimiento por el devenir de los hechos futuros. Porque prestamos más atención a nuestra mente que a la voz de nuestra propia alma. El alma guarda la brújula que direcciona el camino que ella sabe que debemos recorrer para nuestra propia evolución, pero debemos protegernos de nuestra propia y característica necedad humana, que también está dotada de voz. Esta tiene un volumen más alto, se amplifica por el ruido externo que se interioriza, formando ecos en las paredes mentales, llevándonos a confundirla con nuestra guía, con una verdad. A veces, podemos caer en el atrevimiento de creer que lo que nos dice forma parte de nuestra identidad o, lo que es peor, incluso llamarla *yo*.

*

No se puede vivir en estado de supervivencia; el modo alerta o primitivo es parte de nosotros, pero no es lo que somos.

El crecimiento de nuestro yo se dará, sí, pero antes debemos despojarnos de quién hemos debido ser cuando la vida lo imponía. Esto solo fue un requerimiento de esta, pero, si se mantiene durante largo tiempo como creencia a nuestra propia identidad, estrangulará hasta matar aquello que verdaderamente somos.

*

Frente a la toma de decisiones, la escucha hacia nosotros mismos es primordial, pero debe ser bien empleada para impulsarnos hacia la acción. Sin embargo, la inacción es la parálisis ante la vida. Y la vida no quiere que esperemos de forma pasiva. Unas acciones desmedidas son producto de la sinrazón, es la impulsividad carente de enfoque. Hay momentos de espera y momentos de accionar. Es la voluntad del espíritu la que guía desde la verdad.

*

Mala percepción de aquella persona que asocia a los soñadores con idealistas y poseedores de una verdad absurda. Que emplea como sinónimo *fantasioso* para burlar el empeño o entusiasmo hacia algo.

Los soñadores poseen el potencial para crear nuevas realidades, las de sí mismos y con gran posibilidad también las de otros.

*

Hay quienes esperan que su vida comience verdaderamente cuando alcancen tal cosa o tal otra. Para mí, la vida comienza en el momento en que se adquiere una conciencia permanente de la finitud a la que estamos sujetos. A partir de ese momento, comenzamos a movernos viviendo todo aquello que en nuestra finitud se nos permita, con una mirada renovada que otorga la apreciación de lo minúsculo, aunque eso no aparte nuestros deseos más lejanos y grandes, pero sí modifica nuestra forma de relacionarnos con el proceso que se da hasta la llegada.

*

¿Tú te forjas para el camino o el camino te forja a ti? Ambos. Tú necesitas el camino para ello y el camino necesita los pasos de tus pies forjados para crearse mediante tu propia construcción constante.

*

El odio tras el amor es una forma de amor. Una forma infame de cambio que se produce mientras se ahoga dicho sentimiento en el mismo fuego que lo hacía arder. La indiferencia, en cambio, es lo más cercano al olvido; se da cuando el dolor ha sido transmutado y el amor se ha trasformado en recuerdo, disuelto y sepultado en la memoria. Acaba siendo lo que es el viento al humo de esa hoguera que ardía.

*

Hay muchos idiomas, pero el idioma del amor lo saben al completo los niños.
Por su inocencia, por su pureza y por su verdad tan completa.

*

Escribir es como tomar agua de un pozo: uno lanza el cubo hacia sus profundidades, sin conocer a qué altura está el agua que se pretende extraer.
A veces, no se sabe si hay agua en el pozo, cuánto debemos bajar ni si esa agua cumple requisitos de salubridad. Esto último es importante, porque es agua que uno bebe y que damos de beber a otros.

*

Hay quienes tiñen sus aguas extraídas para que parezcan procedentes de reservas de gran profundidad. Hay que tener en cuenta que quien ha buceado hacia las profundidades emerge a la superficie mostrándose con una absoluta transparencia.
Y esto no solo le ocurre al explorador de sus pozos y reservas, aún más si este se ha iniciado en el descenso para hallar la fuente primigenia. La fuente primigenia es agua celestial que portamos; no solo otorga transparencia, también da la visión, la clarificación y unión con todo. Es el elixir que despierta al Dios que todos llevamos, pero que solo somos cuando tomamos de estas aguas serenas.

*

No imagino cuán tedioso debe ser crear un personaje que se adapte a lo que agrada a otros. ¿Acaso alguien tiene la clave de cómo gustarles a todos? Es algo descabellado e imposible. Aunque se crease una máscara, o varias, siempre habría quien estuviese descontento con nuestra persona. Si por el caso remoto y único de que a todos agradáramos, quienes estuviesen descontentos seríamos nosotros mismos, por la renuncia constante hacia nuestro propio ser.

Ser uno mismo es representar tu persona por encima de opiniones ajenas.

Es respetarte y respetar tu verdad. Es representar, defender y custodiar tu autenticidad, tus valores y tus principios. Es caminar con la convicción de que has venido al mundo a ofrecer y a honrar tu unicidad.

*

El mayor bien que hace un escritor que se dedica a la reflexión y comparte a través de la escritura su condición y trabajo propio no respecta a hacer manifiesto de tal cosa como cediendo la información del avance en su camino o a los fines a los que ha llegado. Su labor es servir de estímulo al pensamiento de otros. No es tanto lo que alguien tiene que decirte como sí que resida en alguna de las palabras el poderoso *bum* que represente un desafío a nuestra lógica, creencias y, al fin y al cabo, a lo establecido. Y, si es bien dedicado a la reflexión, ni siquiera el que comparte va a consagrarse a sus propios pensamientos durante toda su vida. Su condición lo hará poner en contradicción varias veces su propia filosofía a lo largo de su existencia.

*

Cada persona se representa a sí misma a través de sus actos. Estos actos siempre hablan de nosotros en el tiempo presente, pues nadie debería regirse por actos del pasado para definir la imagen de otro, pues ese otro ya no existe y el nuevo es desconocido para el observador.

*

Los poemas, como las canciones, solo son un entrelazamiento de letras que sin la voz que les otorga la vida a esas letras no son nada. Igual que el amasijo de huesos y carne que nos forma solo sería eso si no fuese movido por una fuerza interior más grande que le otorga el sentido de ser.

*

El rosal se corta en invierno para que en primavera dé muchas más rosas. Esto se denomina la época de reposo del rosal. Cualquiera que no sepa esto vería una locura y un exterminio hacer tal cosa, pero quién sabe, espera ver la transformación que se dará pasado un tiempo. Las personas al igual; debemos pasar por inviernos que en ocasiones pueden obligarnos a temblar de frío por la rotura que se nos produce. Pero solo pasado un tiempo podremos observar en nosotros el paso favorable y nuestra capacidad resiliente ante el frío que creímos que podría helarnos, pero solo nos ayudó a incrementar la belleza que ya portábamos.

*

Los alejados al hoy no son ya memorias vivas, pero sí están latiendo. Eso seremos cuando ya no haya quien nos recuerde, cuando tomemos distancia y nos diluyamos en el tiempo, pero seguiremos siendo un latido atemporal. Un latido que, si se quiere, puede ser escuchado, porque vive en nosotros, porque somos todo lo que antes nos ha precedido. Somos el resultado de nuestro linaje y también contribuyentes a nuestro legado. Similar a la genética, es la oculta, pero existente sabiduría trascendental del ser humano.

*

En la actualidad es algo observable cierta reticencia hacia la madurez y el juicio de los jóvenes por aquellos que le superan en edad. Siendo la edad un número que tan solo figura los años de nuestro cuerpo biológico, pero que no ofrece datos más allá de esto. Se da por hecho que a más edad, mayor número de experiencias (nadie sabe qué ha vivido otro) y, aunque en cierto modo esto es correcto, la importancia reside en la disposición al aprendizaje de la experiencia de cada individuo. El trabajo laborioso por educarse a sí mismo. Sin olvidar el papel fundamental y distintivo que puede existir en la inteligencia que caracteriza a cada persona.

*

Mirar detenidamente, tener la capacidad de observación minuciosa, es escapar al tiempo, tener una película distinta a cada momento ante los ojos, es llevar mil vidas en la memoria.

*

Ponle a alguien una etiqueta y castiga sus actos, y estarás dándole aún mayor dificultad, incluso siendo impedimento para cambiarlos. Pero, si de verdad quieres ayudar a alguien, hazlo como lo harías contigo mismo. Desde la comprensión y el acompañamiento. Si no comprendes esto y empleas tu juicio como vara de castigo, quizás estás siendo un necio que no se ve a sí mismo.

*

La peligrosidad del orgullo es que muchas veces es confundido con dignidad.

*

Ser intolerante en defensa de nuestra verdad, siendo expresada desde el respeto, puede, aun así, ser motivo de conflicto y no solo de confrontación; pero es peor el conflicto interno que supone el silencio de la verdad frente a situaciones que requieren de nuestra postura en el mundo.

*

Alguien que sabe contener una lágrima verdadera jamás sabría cómo derramar una falsa. Esa es la frialdad de los que hacen solo suyas sus lágrimas y la verdad cuando las muestran.

*

«A buen entendedor, pocas palabras bastan». Y sí, porque en ocasiones no se trata de qué tan buen comunicador eres, sino de la capacidad de compresión de tu opuesto. Su capacidad de compresión es desconocida para ti, ajena; por lo tanto, fuera de tu propio control. Se puede tratar de explicar las cosas de diversas maneras, pero jamás darás con la manera correcta cuando se dé el entendimiento, pero no la compresión.

La mayoría de la gente te entiende, pero no te comprende. O no tiene una disposición hacia la compresión por inflexibilidad mental.

*

Profundiza tanto en ti que nadie te pueda decir quién eres. En el autoconocimiento está el poder. Y cuando se halla el poder en uno mismo, conoces la imparabilidad de la que está dotado tu espíritu.

*

Se puede ser benevolente y ser intolerante a ciertas situaciones. No hay incongruencia en ello. La benevolencia es hacia la persona. La intolerancia debe ser hacia una actitud errada o, a nuestro juicio, no afín a lo que somos y a los principios a los que nos regimos como individuos.

*

Aquellos que han hecho por preservar la nobleza en el corazón son guiados a realizar actos nobles que representarán la estela eterna de su finitud.

*

Solo los necios al disputar se lanzan piedras a sus tejados de cristal. Ambos quedan heridos de gravedad por los cristales rotos cuando las piedras acaban por quebrantar el tejado. Necios hemos sido todos, pero solo algunos trabajarán para recrear su techo y cuidarlo, dando así la valoración del esfuerzo que supone el reconstruir, además de una formación más fuerte por los daños ocasionados para que no se produzca la rotura con la misma facilidad en posibles golpes venideros. Esto también otorga la mirada de cuidado hacia la integridad del techo vecino, sin saber si este se quedó sin piedras que lanzar o si eligió conscientemente no hacerlo.

*

Vas a ser criticado fuertemente cuando reclames el lugar que te pertenece en el mundo. Cuando decidas ser tú enteramente. Cuando comiences a ser quien viniste a ser y comiences a honrar eso que te hace diferente.

*

No hay olvido para los momentos difíciles. Uno solo puede estar dispuesto a que el tiempo preste su mano amiga para que su caricia calme y atenúe las remembranzas que pasean a galope latigando los cimientos de nuestra cordura. Y se requiere emplear también la suave caricia de nuestras manos.

*

Como creaciones de alfarero, vamos dándonos forma en la arcilla que somos, siendo nuestras manos creadoras las mismas valientes que porten el mazo que rompa lo creado. La vida y nosotros añadimos ingredientes nuevos a la arcilla que deben ser integrados.

*

Donde la palabra tiene límites, la música
se vuelve el canto eterno de la palabra.

*

Cuando duermo, la creatividad trabaja para mí;
estando despierta, trabajo bajo el yugo de la creatividad.

El modo en que te relacionas tú con el mundo es más
importante
que el modo en que el mundo se relaciona contigo.

*

No se puede tratar de ver a alguien
por una ranura que no abarca su totalidad.

SUSURROS A MEDIA VOZ

Intimida por su fuego,
son incapaces de ver
que lo controla de tal manera
que, en vez quemar, acaricia.

En vez de quemar, ilumina.

***

Aquellos que saben dónde van
ajustan las velas;
a los que no lo saben
ni les importa el viento
ni la dirección de las mareas.

***

La culpa fue mía
por creer que no habías sido tú
quien había escondido la mano
tras darme la piedra que habías tirado.

***

Escucho a las musas desde la primaria,
hubo titulados que intentaron matarlas.
Pero ellas siempre estaban
en la esquina que yo mirara.

***

Eres tan capaz y sagaz,
tan valiente y perspicaz,
que hay quien olvida que tú
también tienes dolores
que te hacen temblar.

***

Dices que amas mirar el cielo,
pero solo lo admiras cuando luce el sol.
Usted no ama el cielo, sino uno de sus estados;
solo ama su estado de luz.

***

No olvida la caracola de dónde viene,
el canto del origen lleva consigo siempre.

***

Quiero morir sabiendo que di todo. No me quedé con nada
que me fuese dado. Que di siempre mis manos, que escribir
también fue una forma de darlas. Quiero irme con el corazón
lleno y poder decir con la media sonrisa que se exterioriza al
sentimiento de estar en paz con uno que dar mucho, que dar
lo que soy —o, lo que fui, cuando sea mi espíritu el que eche
la vista atrás en la debida despedida—, nunca me dejó con las
manos vacías, sino con el corazón repleto de más amor del que
yo haya podido dar.

***

Si por desgracia algún día
a mis manos algo les pasa
y volver a escribir no puedo,
quiero volverme polvo de mis huesos
y que me dejen llevar mi canto al cielo.
Ya sé lo que es vivir para mí
y volver a vivir sin mí no quiero.

***

VERSO LIBRE

Cada vez que abrazo a mi madre,
encuentro en mí un suspiro de descanso.

***

Verso libre II

Te amo con cada latido de mi corazón y,
entre cada latido, también te amo.

***

LOS VENERANTES DE LA LUNA

Cuando aúlla el viento,
y el silencio hechiza a los lobos,
la noche contempla que la luna
vuelve fiera a los bípedos
que al día dejaron de serlo.

***

CONEXIONES INSTANTÁNEAS

Es realmente curioso que, con la cantidad de personas
que conocemos a lo largo de nuestra vida,
solo con contadas personas surge una conexión instantánea.

Como si un rayo te partiese en el momento.
Como si unos dedos invisibles
tocaran a la vez dos corazones distintos
para hacerlos vibrar al unísono.

Como si la voz del alma dijese: «Tú».

***

No tengo nada

No tengo nada. De todo me despojo. Pues al final todo me quitará la vida. Todo aquello que la simple vista ve, excepto lo intangible, lo imborrable, lo que viví y recordaré. No habrá belleza ni bienes ni fruto de mis logros. Incluso mi nombre se perderá al pasar los años, cuando generaciones posteriores no sepan quién le daba significado a esta identidad terrenal. También me quitará a quienes amo, pero no su recuerdo ni lo vivido.

Yo seré nada, todo lo que he hecho será minúsculo.

Pero mi memoria será inmortal.

***

Un abrazo al que intenta

No fueron en balde tus esfuerzos ni tus buenas acciones. Tampoco lo fueron los pasos decididos; los que fueron dados con ilusión y miedo, y resultaron exitosos; o los que resultaron errantes. Aunque sepa usted que yo sé que estos últimos siempre atormentan a estos dos órganos sentipensantes que llevamos con nosotros y que nos impulsan o nos paralizan. Pero no olvide que debe sentirse dichoso de estar aquí, por permanecer aquí, por poder estar haciendo lo que hace y siendo quien es. No olvide que incluso la semilla que no germina se reintegra en la tierra. Si está sembrando, espere la cosecha, y, mientras tanto, contemple la nada del que nada ve mientras mira las tierras sembradas y, a su vez, todo encierran.

Cantos de silencio

Madre, haznos libres

Madre, escúchame, madre;
escúchame en tu sueño.
Escucha esta voz prisionera,
tú me concebiste en tu pecho.

Madre, ¿por qué nos guardas
del mundo? ¿Por qué nos diste a luz,
si no nos dejas hacer
lo que vinimos a ser al mundo?

Madre, escucha a tus hijos,
tú fuiste canal y voz
que nos dio razón, nosotros
queremos volar a otro corazón.

Queremos cantar tu canción,
agarrarnos al pecho que nos dé calor,
a los pulmones que nos vuelvan suspiro,
a los ojos que lloran; queremos
ser esperanza y también desafío.

¡Madre, haznos libres!
¡Haznos libres a tus hijos!
Madre, por los hijos que perdiste,
por los que no quisiste,
por los presos escondidos.

Haznos libres, madre…

Madre, danos alas;
nosotros te daremos sentido.

Espíritu y carne

Soterrada yo
de sentires hondos y ojos de pozo.
Se alejó a un recóndito lugar
hasta apagar en oídos
el clamor de rechazo.

Ni siquiera yo te quise, niña enterrada.
Ahora te pregunto: ¿eras tú quien llamaba?
No era Dios el del llamado,
era tu voz enjaulada.

Mil perdones te debo,
mil veces has dicho no pasa nada.
¿Nada es el destierro, el abandono, la sombra?
¿Nada es haber intentado
darte sepulto en la fría insignificancia?
Mil perdones tengo, pero no bastan.

Ahora sé tú
quien soñaste,
quien eres, quien fui;
sé tú quien me dé calma.

Tú mi yo, tú mi otra,
hiciste cuanto debías.
Yo, con voluntad conjunta,
tomé distancia, mas siempre
tuve palabra y tú me escuchabas.
Yo solo tenía que dominar tus manos
y a tus manos mi lira les faltaba.

Ahora somos uno. Ahora,
mi espíritu se hace verbo,
mi palabra habita mi carne.

El camino

Hay un camino a mis pies
que sigo con guía. A veces,
llano. Muchas otras, escabroso.
Suelen escucharse susurros en él
de cuán tenaz debo ser.

En mi camino y otros muchos
que no son míos, aunque todos por igual,
en sus arcenes rodean de flores aunque
no se dan los colores al paso dar,
más bien al echar la vista atrás.

Hoy, tan solo son semillas que dejo
a mi paso y de cuyo aroma
solo el tiempo me dará el fortunio
cuando siga yo adelante mi caminar.

Hoy vivencio los aromas del ayer,
donde dejé mis lágrimas, mi sudor
y mis ganas en las semillas
que ansiaba ver crecer.

De cuántos ayeres se colma hoy
mi corazón satisfecho. Cuán grande
la dicha de mi ser. De cuántos posibles
me imagino el futuro aunque hoy
vislumbre aún la niebla a mis pies
Sé que camino por el sendero
que debe ser.

La última vez

Se acabó.
Fue la última vez
que lo miró a los ojos
y le dijo «te quiero».

En sus ojos asomaba una lágrima
y el nudo en la garganta
bloqueó el flujo de palabras.

Se dijeron adiós,
pero sus almas anhelaban abrazarse
una última vez.

Búscame

Búscame.
Búscame cuando el cielo
se llene de colores,
cuando las acuarelas caigan
sobre ese lienzo en blanco
al llegar la tarde.

Cuando los pájaros
realicen su último vuelo
antes de caer la noche.

Búscame
cuando quieras encontrarme.
Porque antes no estaré,
porque tampoco sé cuándo me voy.

Búscame.
Cuando anheles una mano amiga
no para volar, sino para empujarte.

Búscame.
Allí donde el silencio se hace eterno,
donde el sol acaricia,
donde la luna ilumina,
donde el mar se une con el cielo.

Allá donde haya vida.

Búscame
cuando no sepas encontrarte,
cuando te pierdas,
cuando tiembles,
cuando el frío estremezca,
cuando el sol no caliente.

Búscame.
Porque yo estaré
cuando no esté nadie.

Cuando el silencio
cruce la oscura noche,
cuando tiembles,
cuando estremezcas,
cuando se levanten
las sombras de tu pena.

Cuando me necesites,
búscame.
Aunque no me puedas ver.

Aunque la vista no te dé,
yo estaré.

El vuelo

Los sueños se visten de ilusión,
ilusión que impulsa a caminar,
caminar aun no habiendo camino.

La ilusión nace libre,
te vistes o te desvistes de ella.

Pero quien ha sido conocedor
del cielo y de su vuelo
no le teme a caminar,
aun sin camino
hasta sus sueños.

No le teme
a caminar y levitar,
a levitar y caminar,
hasta ser capaz
de crear camino,
de tomar el vuelo.

Sé

Sé hacer callar hablando.
Sé hacer que mis silencios hablen.
Sé disimular las vetas de inocencia
que piden a gritos escapar
a través de esta cárcel apariencia.

Sé ser reflejo y espejo.
Y, a veces,
espejismo que muchos ven.

Sé regarme las raíces
y cuidarme los pétalos
que tanto me ha costado
ver crecer.

Sé mirarme y verme.
Y verte.
Y, aunque a veces duele,
sé mantener los ojos abiertos
ante lo que hay que ver.

Sé saborear la alegría
porque sé el sabor que tiene la pena.
Y, aunque mi cruda apariencia
todo sabe llevar,

sé perderme y
encontrarme.
Sé ser terrestre
y también sé volar.

Un vals con el caos

No te desharás del caos
que habita en ti.
No lo reducirás a polvo
al que puedas aventar.
Pero podrás domarlo.
Podrás bailar con él.

Pero tan solo cuando decidas cogerlo
con tus manos y danzar,
a sabiendas de que las primeras veces
te pisará los pies.
Pero, cuando decidas firmemente hacerlo,
solo serán las primeras veces, y luego
serás tú quien guíe el vals.

La verdad

La verdad se hace presente
como se hace presente el sol
cada mañana,
como se hace presente la luna
en la oscuridad de la noche,
como se hacen presentes
las álgidas corrientes de aire
que trae el mar a las orillas en invierno.

La verdad se impone
ante lo que vemos,
o creemos,
para solamente ser.

Un valor arrebatado

Fue un instante de locura,
un impulso desenfrenado,
un despojo de la razón
y de las razones,
un arrebato de valor,
un valor arrebatado
en tiempos pasados.

Fue en ese momento
en que ambos encontramos
el cómo y dejamos de esperar el cuándo,
para decirnos cuánto el tiempo
había estado hablándonos al uno del otro.

Pajarillos que habitan mi palmera

Pajarillos
que habitan mi palmera,
vuestro cantar
todos ignoran.

Yo os admiro, pues,
a pesar de pocos
teneros en cuenta
seguís regalándonos la alegría
que compone vuestro ser.

Admiro también
el sonido causado
por la fuerza impetuosa
de vuestras alas
cortando el aire que las tocan.

Pajarillos
que habitan mi palmera,
vuestro vuelo incasable
yo observo,
y me pregunto:
¿ustedes me observan?
¿Qué verán esos diminutos ojos
cuando alguien como yo
cada tarde os contempla?

¿Cómo será poseer vuestras alas
y ver desde las alturas
nuestra vida desbordada de locura?

Pajarillos
que habitan mi palmera,
quisiera yo que me contarais
una tarde de estas
cuán lejos queda el horizonte
y si está más cerca cuando se vuela.

Puentes

Creé puentes
entre mi persona y personas
a las que quise en mi vida.

Y fue necesario
no cruzarlos un tiempo
para ver que
pocos fueron los que hacían
por llegar a mi orilla.

Destruí aquellos
de dirección única.

Elegí mi orilla,
mi persona
y mi soledad.

Mi decepción
no fue el tiempo invertido,
no en los puentes,
sino en las personas
a las que quise llegar.

Aire del sur

Estoy enamorada del aire del sur.
De mi tierra.
Del café al sol de la tarde.
De ver el atardecer de su mano
para darle la entrada a la oscura noche.

De hacer mi ruta de cervezas
por los bares del barrio.
De saludar con una sonrisa a todos
y recibir siempre una de vuelta.

Las buenas noches
de doña María, la vecina,
que pasa sus noches
de primavera y verano
sentada en la puerta de casa,
recibiendo la brisa en su piel,
castigada por el tiempo.
Con ojos sonrientes de amor
observando el juego inocente
de sus nietos.

Yo en mi sur pierdo el norte.
Y la vida.

Pero nunca perderé a mi gente.

La que mira bonito,
se ríe con el alma
y te abraza con cariño.

Esas que son rayos de sol
y con su mera existencia
te hacen sentirte
extremadamente afortunado.

Porque lo eres.
Porque lo soy.
Porque yo
no necesito más.

Juramentos de incierta eternidad

No se te ocurra
jurar un «para siempre»
ni esperes de mi boca
esas palabras recibir.

Pues el nombrarlas
me parece una falacia.
Y todo lo que es mentira
siempre acaba.
Y no es que no crea.
Pero solo creo
en el amor y las ganas.

Y podrás afirmar
que sientes amor
y tienes ganas.
Pero ¿qué pasará
si se te acaban mañana?
¿Qué pasará
si a mí me ocurre?
¿Dónde quedará entonces
ese «para siempre»?
¿Dónde quedaremos nosotros?

En el olvido.
Y en el olvido quedaremos
como la mentira que dijimos.
Y a pesar
de evitar tal falacia,
nada nos salva
ni nos da la certeza
de que el tiempo nos abra
la puerta silenciosa del olvido.

Pero, si en algún momento
habitamos allí,
que nos recordemos por lo vivido
y no por lo prometido.

Que seamos dos amantes
que dejaron de serlo
y no dos mentirosos
con un eterno prometido incumplido.

El retorno de un suspiro

Pasado, ¿cómo te atreves a irrumpir
en mi presente perfecto? ¿Por qué?
Lo haces porque no sabes cuánto
costó que el corazón aprendiese
la canción de adiós.

Del tú y yo nació un nosotros.
Efímero. Con la brevedad
que abarca un suspiro.
Del nosotros nos desprendimos
para volver a ser quienes fuimos.

Y ni eso somos.
Porque no soy quien fui.
Ya no soy quien recuerdas
ni quien buscas.

Y yo ya sé que en ti
no puedo encontrar el ayer
que quise contigo. Y ahora
solo eres el retorno de un suspiro.

No te apures. Ya no luches,
no puedes rescatarnos.
Nos hemos quedado en el tiempo,
y el tiempo en nosotros ha cumplido.

No te apures, mi pasado perfecto.
No me culpes, yo no te culpo.
No fuimos perfectos, ni tampoco
el tiempo; solo perfecto es el verbo.

Mi futuro está en el horizonte;
el tuyo, en volar hacia el norte.

Un mañana repleto de ayeres

Hay mañanas en el hoy
aunque no podamos verlos.
¿No es la muerte un mañana
incierto, repleto de ayeres?
Se escapa la brisa como fugitivo al viento
y a veces trae aromas y recuerdos,
y me agrada saberme presa de tantos de estos.

Quiero plantarme firme en tierra aunque
viva cada día mirando el cielo.
Soy de aquí y estoy aquí,
pero levito en espíritu
aunque viva en esta cárcel de carne
que me ancla al mundo.

Y mañana, este hoy será un ayer
y vendrá para comprender
que anclaré a la tierra el mismo día
que me desprenda de ella,
que dejé lo prestado en su sitio,
el recipiente de materia en la materia;
ya no ser agua en botijo y sí esa derramada
de las manos de un niño;
ser el río camino al mar.

Me crecerán flores en el pecho y una campana
doblará timbres que avisen a los cielos.
Suplicaré al viento que desate a su fugitivo mensajero
para susurrarles a aquellos a los que mi ausencia
les presente la congoja que no teman,
que estoy siendo lo que aquí la libertad es palabra.

Observad

Observad
como la frente de un niño
está desierta,
como tiene por vestido
la inocencia, como va
bañado en la pureza.
Que, a diferencia
del hombre ya crecido,
su frente es un pergamino
plasmado de ayeres,
con trazos de algunas líneas
de futuro inquietante
más el relleno de incertidumbre
que acrecientan estas.

Y como el tiempo
empequeñece los atavíos
de inocencia, siendo estos
solo harapos que guarda el corazón
como últimos adornos al alma.
Como el baño de pureza decae,
como el brillo de la plata
que no toca el agua.
No desaparece, a veces
solo se enturbia, se oscurece o
va bajo el manto de niebla
que todo tapa.

Necio asustado

¿Qué dice usted, necio asustado?
¿Que no quiere volver a sufrir
ni tener el corazón lleno de angustia y espanto?
No vivir la desventura del amor.

¿Acaso puedes impedir al naranjo
estar en floración?
¿Puedes impedir la caída,
la pérdida de la flor?

¡Necio, maldices la flor
sin saber si su fruto
es de dulce o amargo sabor!

¡Tala el naranjo! ¡Pon coraza
a tu pecho de cartón!
Pero no puedes impedir la primavera
ni arrancarte el corazón.

Eco mental

¿Y si fue el eco que se hizo del cuerpo?
¿Y si se hizo de un cuerpo
para darle vida a la sombra?
Ese eco, esa sombra…
Que, aunque se llene el silencio,
se escucha dictar.
Ese eco que solo se mata
cuando habla tu verdad.

Se fue y dejó

Se fue mi abril sin enero.
Se fue mi sol del mediodía.
Se fue el calor de las enagüillas.
Se fue el color de las flores.
Se fue la cal de las paredes.
Se fue el ruido melodioso de su cocina.
Se fue el café de la tarde.
Se fue la risa de la bondad.
Se fue mi abrigo y el calor de la verdad.
Se fue una canción
que siempre me paré a escuchar.
Se fue como la brisa,
trayendo la ausencia de su respirar.
Se fue al otro lado de la orilla.
Se fue al otro lado de este mar.
Se fue un día cualquiera
alguien que jamás podré olvidar.

Dejó plantada bandera blanca
en una tierra en la que yo me siento.
Dejó unos principios de manual.
Dejó su risa haciendo eco
en sus paredes de cal.
Dejó palabras que atenúan los males.
Dejó nieve en los recuerdos de tiempo de cristal.
Dejó amor en cada corazón que se paró a tocar.
Dejó la gracia con que nace y se hace un alma grande.
Dejó varias miradas que atesora mi suspirar.
Dejó la vida. El cielo le dio su lugar.

¡Ay, mi sangre!

Me preguntas: «¿Por qué no lloras?».
Porque no lloro frente a nadie.
Y, cuando pienso que te basta mi respuesta,
te encuentro con la cara intencionalmente
deforme, una carcajada en tu boca,
una mañana nueva en tus ojos,
un suspiro de brisa marina.

Con la intención más grande
provocar una sonrisa en esta boca mía
de verano con tormenta,
pero sin lluvia que calme
la furia de los truenos
que se gestan por dentro
y solo dejan el fuego
que quema por dentro mi sangre.

¡Ay, mi sangre! Que le rompió encima una nube,
calmando su paso.
¡Ay, la nube que estorbó en mis ojos desiertos!
Cuando tu risa e intención
hizo que mi sonrisa reventara el cielo.

Brisa de abrazo

Hoy agradezco mi memoria,
en esta noche de nostalgias
viene a pasear la brisa del abrazo
de quienes añoro en la distancia.

Y sé que es memoria y no otra cosa,
aunque la llame *brisa*,
porque, ante estas aflicciones nocturnas
a las que mi alma sucumbe,
no cabe en ella más que la imaginación
a la que dan paso los recuerdos
de las manos amadas, que hoy
quisiera que estuvieran
como cuando estuvieron
donde yo estoy, como antes estaba
donde estuve.

Porque solo son hogar los brazos
que te hacen sentir; hoy es tan solo
brisa de recuerdos la que
me transporta a donde fui.

Al margen de mi propio yo

Mis ganas hoy
son tus ganas.
Mi fuerza hoy
es tu fuerza.
Mi aliento hoy
es tu aliento.

Si yo te envío
aquí aun en la distancia
mi aliento, mi fuerza y mis ganas,
dime, ¿quién está contra ti?
Si tus ganas, tu fuerza y tu aliento
se unen a mi envío,
dime, ¿quién o qué puede dañarte
si yo estoy contigo?

Verás

Hay días que me verás callada,
silenciosa, absorta en mi nada.
No me verás invocando la alegría
ni llevando conmigo la luz.

Me verás reflexiva y extraña,
Y, aunque te hable y
te parezca lúcida,
verás que esa mi locura.

Verás que me pierdo
cuando descubro y exploro
senderos nuevos desbloqueados.
Verás lo que yo te dejaré ver y, aun así,
no verás nada.

Verás, que esa también soy yo.

Hogar

Ámame, madre.
Protégeme, padre.
He crecido en mi caminar,
pero en vuestros brazos cuando
mis párpados cierran al encuentro
de vuestro pecho conocido; ahí,
ahí yo sigo siendo niña.
Ahí sigue estando mi hogar.

El fuego de mis manos

Amor, me desespero ante tu espera
complaciente de mi boca pronunciarse.
Ante tus ojos expectantes
de que mi verdad sea dicha.

Me desespero ante tu espera y
me aprisiona mi incapacidad expresiva
que se reduce cuanto más se agita mi sentir.

¡Oh, qué pena de mí! De la niña que jugaba
con palabras y de esta mujer que ahora
no sabe expresarlas. Qué torpeza la mía
de aguardar mil formas de decir y escribir,
y llevar conmigo este torpe corazón
ahogándose sin pronunciarse.

¡Oh, qué pena de ti!
Que ante la mudez de mis labios
solo puedes recibir el fuego
que escapa de mis manos.

Padre divino

¿Cómo no voy a confiar en ti,
Padre divino, si tú me diste
el corazón del que siente y
los ojos del que ve lo sustancial

¿Cómo no creer,
si, cuando me arrodillé
ante el cielo pidiendo auxilio,
vino un rayo a partirme
el pecho en la mitad
y entre mis dos mitades
estaba tu chispa celestial?

Yo le hablo al mundo de ti, Padre.
El mundo no quiere escuchar.
Hay quienes olvidaron su luz,
hay quien se ha acostumbrado a la oscuridad.

Ten piedad, Padre.
Retírales de las heridas la sal,
límpiales la mirada,
sacude sus cuerpos; quizá
por las rendijas de sus fragmentos carnales
les asome la luz que muchos no creen portar.

Perdónanos, Padre.
A mí también por cuantas veces
he sido solo terrenal. Por olvidar
mirar el cielo y entender que
si lo hiciste inmenso
es porque nos creaste para volar.

Ese hombre...

Ese hombre desaliñado
se tiñe las canas para eludir
la apariencia de sabio.
Sabe que entre ser y parecer
hay notable diferencia.
Que hay quienes a la apariencia
le rinden reverencia.
La sabiduría a veces
no va a mano de la experiencia.
Que la experiencia es solo
el saber de una vivencia.
Él es un hombre experimentado,
pero dice no haber alcanzado
el orbe que abren los sabios.

Ese hombre grita: «¡No soy sabio por ser viejo!
¡Solo soy un hombre que el tiempo ha castigado!».

Un *souvenir* de la memoria

¿Adónde fue tu mirada?
¿Dónde se quedó estancada?
Quizás, en algún ayer
que ya no tenía mañana.
Tus labios mudos
imploraban al recuerdo.

La pluma del amor
graba la tinta en la piel,
en la retina, en unas manos
que antes estaban vacías,
en los suspiros que escapan
tras los besos, en la música que
nace de la risa conjunta. El amor
es la vida dándose vida.

Si se acaba…,
se aprende a vivir con lo vivido.
Y se invoca al olvido para que
su manto se cierne sobre quienes fuimos.

Él diluirá el recuerdo de las manos,
la tinta de la piel; lo grabado en la retina
lo emborrona, los suspiros se atesoran y la risa
se vuelve un eco que suena en un vacío alejándose.

Amigo mío, ahora solo estás repasando
el recuerdo de haber leído la página.
Solo estás viviéndote
en un *souvenir* de la memoria.

Nuevo amor

Tengo el pecho encendido
por un amor de nuevos aires.
Apareció sin aviso,
sin cita en el dónde.

Corazón pagano,
¿nuevamente te has enamorado?
Si yo no esperaba este amor,
¿acaso tú lo estabas esperando?

Se prendió la llama de la ilusión
en las ascuas de un fuego sepultado.
No lo entiendo. Aunque no por miedo
voy a buscar razonamientos.

El fuego que hay en mi sangre
se alimenta del oxígeno de sus besos.
Y en el silencio a mi sangre
su nombre escucho cantar
y, cuando borbotea, dice: «Vida».

Estrella

Sus ojos son tan solo
el preludio de la grandeza
que en su interior habita.

La verdad contenida
en pequeños aunque
profundos luceros.

Su mirada es luz,
su mirada es vida,
en sus ojos se halla
la chispa divina.

Siendo para el ciego su guía,
para el sordo la voz,
para el náufrago un faro,
para el perdido y desolado su Dios.

Su mirada es luz,
su mirada es vida;
benditos sus ojos,
que portan la gracia divina.

Si esos que atónitos lo miran
supieran que ha cruzado
las puertas del averno
para poner los pies donde hoy pisa,
¡solo entonces entenderían!

Como se ha hecho para el mundo
polvo igual que todos, y hoy,
también estrella que brilla.

La nada sin el todo

Qué pena
haber podido y querido,
y no haber sido.

Qué pena, pero también
qué bonito hasta entonces
haberlo creído.

Qué pena
de nosotros, cobardes.
Qué bonito hubiese sido
nosotros valientes.

Qué bonito el todo.
Qué pena del todo
que se vuelve nada.

Extraños

Yo le diría que viniese
a comenzar una vida juntos,
a dedicarnos el tiempo perdido,
a vivir momentos nuevos,
a crear recuerdos de retina.

Pero usted, muchacho,
no sabe dejarse querer.
Solo sabe rehuir
cuando el corazón
comienza a sobresaltarse y
no puede contenerlo.

Y yo, muchacho,
no puedo esperarle.

Y es que ahora
somos más extraños
que aquellos dos extraños
que se encontraron una vez.

Fuego trascendental

¿De cuántos fuegos se quema el espíritu?
¿De cuántas brasas se levanta el cuerpo?
Cuerpo, espíritu y fuego.
De todos ellos estamos hechos.

La llama que vibra en el pecho
es la misma que alcanza
la altura de su cuerpo.

El fuego cumpliendo
su función transcendental,
la de amplificar lo que venimos siendo
para ser lo que estamos necesitando.

No hay quien pueda decir
que ha renacido
sin haber muerto
en su propio fuego.

Amor del proceso

Su amor fue como
árbol de estación.
De ida y venida.
De versos incompletos.
De pasiones inacabadas.
De intenciones sin intención.
De medias tintas y
tinta sin medias.
De un par de miradas cómplices,
del doble del par esquivas y
el tercio mayor a estas
al espacio que ocupa la nada.
Al espacio donde albergan
las remembranzas de un pasado
que murió sin ser velado,
quedando su fantasma
anclado al cuerpo que fue amado.

Campo

Entre las últimas luces del día,
por tierras polvorientas, un camino
allanado por tanto pasar.

El sol envía rayos últimos en su despido,
y arreboles rojos de gruesa brocha
el pintor del cielo realiza con mesura
respetando los márgenes que marca la luna.

El trigo inmaduro es acariciado delicadamente
por la mano temblorosa del viento.
Y los pájaros susurran cantos de cierre al día.
¡Y más de una flor silvestre me sonríe al andar!

Besándome el sol caído el dorso y
mis pies diciendo adiós en cada paso.
En este cielo contrario, la negrura
lo está vistiendo con manos de mujer,
lentamente, con el compás en repetición
de dos notas de piano distantes.

El vibrante trigo espera la caída sobre él,
sueña con el día en que el dios Sol
le dore su fina piel.

Los pájaros anidan escondidos
entre olivares y naranjos.
Una amapola baila meciendo su vestido rojo
y yo le digo con risa:
«¡Vaya, señorita, con qué gracia la dotó la vida!».

Yo porto la estampita de la comunión dada,
que fue revelada en el momento en que me fue otorgada.
Cada día el campo hace ofrenda nueva al deleite,
tesoros que se custodian en los ojos inmortales.

No te niegues

No te niegues al amor como quien
se priva de comer lo calórico por el temor
de no poder deshacerse del peso ganado.

No te prives porque el amor
no se sujeta a sí mismo cuando
de manifestarse se trata.

Irrumpe, despierta, te busca
en su forma más pura y liviana.

No te niegues por la palabra de detractores,
no te niegues por desventuras pasadas,
no te niegues por cobarde,
no te niegues a su llegada.

No reniegues cuando has sido
elegido destinatario,
cuando quiere atraparte,
cuando lo hace y te envuelve,
y cuando anida ferozmente
en tu pecho aniñado.

No te prives de vivirte en nueva estación,
disfruta la primavera en floración.
No temas por inviernos pasados,
no ensueñes con posible y futuro frío.

La primavera se puede hacer perpetua;
si no, también se puede vivir
en un eterno verano.

Salto de fe

Una voz insomne me despertó de mi sueño,
reclamaba con desespero ser escuchada;
yo escuché todo cuanto hablaba,
aunque parecía no decir nada.

Vagamente recuerdo que decía:
«Debes escucharme, estoy aquí para eso».
Yo no sabía qué era el aquí,
no había estado nunca donde fui.

No había rostro conocido por mí antes,
pero a mí me conocía el extraño despierto.
Tomando mi mano, me sacó
de un pasillo infinito de dormidos.

Sentada al filo de un precipicio nuboso,
con sonrisa amiga me precipitó al vacío.
Solo recuerdo vagamente el eco
de unas palabras lejanas:

«Estoy contigo».

Museo de cera

En la galería interior que todos llevamos,
cual museo guardamos las representaciones de cera
de quienes hemos sido y hemos dejado de ser.

La última a la que hemos insuflado aliento
es la que ahora porta la vida que tenemos;
esta le pasará la fuerza
a la siguiente, carente de rostro.

La última no es la última,
hay varios maniquís de cera blanda
en una galería sin ordenanza.

Los nuevos conocidos pretenden pasear
por el museo de quienes fuimos,
para llegar a entender quiénes somos,
olvidando que en el hoy se encierra todo pasado.

Y los que ya nos conocían nos creen conocer
porque guardan la imagen de quienes fuimos una vez.

La muerte

La muerte como parte de la vida
se encuentra en todas partes
mientras el vivo viva.

No se hace presente hasta la partida,
recoge con manos de ángel
al que yace desesperanzado
en un lecho de agonía.

La muerte como parte de la vida
la sabe el hombre, pero no la cree
hasta que toma conciencia de que
el tiempo que cree tener peligra.

No entiende de normas terrenales,
ni la noción pavorosa que nos provoca,
ni la aflicción por quienes parten,
ni la desventura que con ella nos azota.

La muerte como parte de la vida,
labor que Dios encomendó
a un ángel con energía femenina
para besar la frente de sus hijos
al dar marcha hacia la nueva vida.

¡Si no te miro, amor!

¡Si no te miro, amor,
es porque no quiero encender
con mis ojos la hoguera de pasión
que haga arder tu corazón!

¡Si no te miro, amor,
no es porque no quiera
quemarme en el frenesí
de la cercanía del encuentro!

¡Si no te miro, amor,
es porque no quiero que halles
vetas de amor en mis ojos, ni espejo!

¡Si no te miro, amor,
es porque ando callando a versos
el fuego de mi sangre cuando
se niega a su impuesta contención!

¡Si no te miro, amor! Si no te miro,
no creas que no te quiero,
pues por quererte muero.

Aunque la vida me pida matar el querer
que te tengo, y, si quiero, dice
que te adore en el recuerdo.

Soledad

Figura amante de los solitarios,
regocijo de quietud para pensadores,
esclarecedor espacio para la visión,
una cita con ella es una puesta con uno.

La soledad elegida es para los buscadores
y magnetiza toda brújula sin norte.
Para los que discuten lo hallado, para ser
mazo de destrucción y mano de edificación.

La soledad impuesta es un calvario al alma,
monstruo de brazos fríos que destila
el calor humano de aquel a quien abraza y
burla la espera de quien la vive.

¿Qué cuenta esa soledad, la mente
hecha monstruo, al anciano
que mira tras el cristal?
¿Qué le cuenta al caminante
que mira sus pies al andar?
¿De qué le habla al niño
que no tiene con quien jugar?
¿Se muestra acompañante
del sin visitas en el hospital?
¿Nos habla Dios a través de ella
y solo a veces somos incapaces de escuchar?

El nuboso manto

Se ha desplegado un manto de ardiente color
para recoger el día; con él van las horas vividas,
se va lo hecho y lo sido bajo este sol
del que fue hasta ahora un nuevo día.

El nuboso manto arrastra la noche y
el visitante nocturno pasea
invitando a despertar el sueño de los búhos
que esperan las directrices de su estrella.

Hay tantas vidas en la noche
que el día silencia…
Hay tantos viviéndose en silencio
en la sobrecogedora ausencia…

¡Se va el día!
¡Venid a recoger,
bebedores de sol,
los rayos de despedida!

Libretos

Todos somos libros
y nuestras páginas
no contabilizan por los días
ni los capítulos por nuestros años.

Son nuestras páginas las vivencias,
son los capítulos nuestros cambios.

No hay tinta tonta que ocupe
la blancura de nuestra historia
ni tampoco se transcriben en ella
los días blancos.

Hay tomos finos de muchos años.
Y hay tomos de grosores insospechados
en los que fueron alumbramientos más cercanos.

Todos somos libros y
lectores cotidianos.

Hay lectores de portadas por doquier,
hay lectores de pasada pésimos,
hay lectores que leen solo unas páginas,
ignorantes de pasado y sentenciadores de futuro.

Hay lectores que no saben leer,
tampoco gustan de hacerlo, y
hacen su crítica y opinión prevalecer
hasta el final de sus tiempos.

¡El final no está escrito, lectores!
El final no está escrito para nadie,
y es buen entendedor quien vea
que, más que lectores, somos libretos.

Gotas hermanas

Como ríos, amiga mía, como ríos a la mar.
Marchar hasta el origen,
allí grandes y pequeños,
todos nos vamos a encontrar.

Allí, todos nos perdemos al unirnos,
Y, al encontrarnos, comprenderemos
que unidos debimos estar.
Que somos gotas hermanas de un mismo mar.

No te preocupes

No te preocupes si me ves llorar, vida mía.
Si me ves ahogándome en el llanto,
si ves que no consigo nadar.
No me puedes salvar,
ni quisiera yo que lo hicieras,
quiero dejar que todo fluya sin más.

No te preocupes, vida mía,
no voy a morir, o eso creo…
Pero, si muero, volveré
como siempre, aunque distinta.
Porque yo siempre vuelvo.

No te preocupes, vida mía, me conozco.
No sé cuántas muertes llevo ni
mucho menos cuántas vidas.

Que te eleves

Que no te amarren las dudas,
que no te arrodillen los miedos,
¡que te impongas!,
que te eleves sobre ellos.

Que te eleves sobre ti,
sobre lo que eres
en este momento.

¡Que te eleves
hasta tocar el cielo!

Que no claudiques
por temor, ni rechazo,
ni desventura, ni desengaño.

Que te levantes
como otras veces,
como cada una de las veces.

Que lo que ocurre ahora ya es pasado
y el tiempo distancia más
del hecho cuanto más te alejes.

Que, si lo quieres hoy, debes
no quedarte en lo pasado,
sino ir por lo que quieres.

Que, si lo quieres hoy, tienes
todo lo necesario para hacer cuanto puedes,
que en el hoy pueden caber dos días diferentes.

Niño alado

Adiós, adiós, corazón de otoño,
embutida frescura de estaciones bebidas.

Adiós, niño de ojos castigados,
acompañante de Peter, que segura maravilla
es el país al que hoy llegas por exilio de esta vida.

Adiós al frío que te hizo temblar,
si temblando el último suspiro
tu boca vino a encontrar.

Adiós, pequeño, no temas,
no estás solo. Muchos buenos
duermen y viven,
viven y duermen
del otro lado.

Adiós, adiós, corazón de otoño,
que tu nuevo mañana siembre
la primavera eterna en tus ojos.
Y un sol radiante
en tu pecho coloreado.

Adiós, corazón.
Adiós, niño del sueño encontrado.
Aquí, al otro lado, se te sigue amando.

¡Juega!
Juega en el país de lo eterno
como aquí no has jugado.

Niño, niño amado

Niño alado.

Que Dios te acoja en su abrazo
hasta que las manos que te han añorado
lleguen y tomen de nuevo tus manos.

Mi beso de adiós

Volad, hijos míos,
sangre de mi sangre,
valor de mis entrañas,
lleváis mi canto
en el batir de vuestras alas.

Volad, hijos míos,
porque ya sois del mundo,
y espero que el mundo
os dé una casa.

Carta a mi pueblo

Yo nací en un pequeño aunque gran pueblo. Una localidad sevillana en la que el acento se lleva por bandera, por orgullo a nuestra cuna. Con él, la sonrisa y el cariño.

En la lejanía de Sevilla, pero siendo su última guinda. Con la mezquita de Córdoba siendo vecina. Un pueblo formado por inmigrantes que trajeron consigo ganas e ilusión. Construyeron lo que tenemos y lo que somos. Hoy no olvidamos quiénes fuimos ni de dónde venimos.

Colonos que habitaron tierras desconocidas con poco, pero lo mucho que traían en el corazón. Gentes de bolsillos vacíos, pero con una fe inquebrantable. Fueron bocas con hambre y el frío se les pegaría a los huesos, pero vinieron dispuestos al trabajo duro, a ser contribuyentes de crear lo que hoy tenemos, desde apenas nada.

Yo solo me imagino el ayer, pues no lo he conocido. Yo solo conozco el hoy, que es el fruto del pasado.

Y la dicha que siento cuando miro a mi alrededor me hace verme y ver a los que miro. Y florece en mí el orgullo de pertenecer a esta tierra mía, a esta gente; mi gente.

No tengo lealtades a ninguna patria o estado.

Yo soy del mundo y mi cabeza está a la altura de las nubes.

Y podré vivir en cualquier parte,

pero a morir vengo aquí, a mi pueblo.

De donde salí, donde fui y donde soy,
lo que voy a llevar a todas partes.

Cañada Rosal (Sevilla).

Índice